MEJORA LA EFICACIA DE TUS REUNIONES

Los trucos para sacar el máximo partido de tus reuniones

Por Florence Schandeler

Traducido por Laura Soler Pinson

Coaching en50MINUTOS.es

LA REUNIÓN EFICAZ   1

EL ABECÉ DEL ANIMADOR DE REUNIÓN   3

Preparar la reunión

Animar la reunión

El seguimiento de la reunión

LOS MEJORES CONSEJOS   17

PREGUNTAS FRECUENTES   22

¿Necesito realmente planificar esta reunión?

¿Qué material tengo que prever?

¿A quién invito a mi reunión? ¿A cuántos participantes?

¿Cómo tengo que abordar el factor tiempo? ¿Qué duración establezco para mi reunión?

¿Qué puedo hacer para que todo el mundo participe activamente?

¡AHORA ES TU TURNO!   27

To do list para organizar y validar la reunión

Orden del día: ejemplo de presentación

Programación de la reunión

Ficha de acción para los participantes

PARA IR MÁS ALLÁ   31

LA REUNIÓN EFICAZ

- **¿Problemática?** ¿Cómo evitar que una reunión se convierta en una pérdida de tiempo y cómo conseguir que derive en verdaderas decisiones?
- **¿Utilidad?** En un contexto profesional, a menudo son necesarias las reuniones para informar, consultar o decidir. Por lo tanto, es fundamental que sepamos cómo llevarlas a cabo para alcanzar los resultados deseados.
- **¿Preguntas frecuentes?**
  - ¿Necesito realmente planificar esta reunión?
  - ¿Qué material tengo que prever?
  - ¿A quién invito a mi reunión? ¿A cuántos participantes?
  - ¿Cómo tengo que abordar el factor tiempo? ¿Qué duración establezco para mi reunión?
  - ¿Qué puedo hacer para que todo el mundo participe activamente?

En el mundo profesional, todo empleado puede verse en algún momento en la tesitura de tener que animar una reunión. Esta guía intenta responder brevemente y con concisión a las preguntas habituales que surgen ante esta situación.

Comunicar una información, dar una formación, consultar a nuestros socios, analizar un problema, votar cambios en la empresa, etc.: no faltan razones para conversar y colaborar con nuestros compañeros de trabajo. Existen varias soluciones: intercambiarse correos electrónicos, llamarse, hablar con cada una de las personas afectadas o reunirse todos juntos alrededor de una mesa para debatir acerca de una problemática o para establecer un objetivo común.

Se considera a menudo que la reunión es el medio de comunicación más eficaz para muchas situaciones como, por ejemplo, garantizar una formación en la empresa, tomar una decisión o consultar la opinión general. Sin embargo, por sus modalidades para reunir a los diferentes actores, puede convertirse rápidamente en una pérdida de tiempo y tornarse en una simple conversación si no marcamos los límites necesarios para que el grupo avance.

Así, desde la preparación a la síntesis de la reunión, es indispensable que presentemos a los participantes un marco general para que la reunión sea eficaz. En este libro, nos centraremos en tres puntos que corresponden a los tres tiempos de la reunión: la preparación, la animación y el acta. Veremos cómo elaborar un orden del día y construir de manera clara y concisa los objetivos que deben alcanzarse, cómo gestionar lo mejor posible la comunicación entre los participantes y qué seguimiento dar a la reunión para asegurarse del impacto de las decisiones tomadas y evaluar las acciones efectuadas.

EL ABECÉ DEL ANIMADOR DE REUNIÓN

TRES TIEMPOS PARA UNA REUNIÓN EFICAZ

- Preparar y definir los objetivos
- Animar y actuar (tomar decisiones)
- Asegurar el seguimiento y comunicar los resultados

PREPARAR LA REUNIÓN

Elaborar un orden del día

Para no planificar una simple cita amistosa entre colegas, es fundamental que prepares la reunión a conciencia, elaborando un orden del día y formulando los objetivos que deben alcanzarse.

El «orden del día» es un plan de trabajo de la reunión que se envía a los participantes como convocatoria, preferiblemente por escrito para prevenir posibles despistes o malentendidos y dar un marco formal al encuentro. Se envía a todos los participantes antes de la reunión, pero conviene no hacerlo demasiado pronto, puesto que nos arriesgamos a que caiga en el olvido. En general, recomendamos que se envíe de media cuatro días antes de la fecha fijada para que todos tengan tiempo de enterarse.

Este plan de trabajo reúne, por una parte, informaciones prácticas: se anuncia la fecha, la hora de inicio y de final de la reunión, datos eventuales sobre las pausas para descansar y para comer si son necesarias, la sala escogida para la reunión y la lista de participantes convocados. Por otra parte, se incluye la lista de temas que se tratarán para que los participantes puedan pensar con antelación en los puntos y asistir a la reunión con conocimiento de causa, lo que los implicará en mayor medida en la conversación.

PEQUEÑO PLUS

En la medida de lo posible, siempre es preferible que tengamos en cuenta a los participantes cuando se elabore el orden del día, informándonos acerca de sus preferencias en cuanto a contenido y marco para que se sientan más responsables con respecto al trabajo que se está llevando a cabo.

Fijar los objetivos y suscitar la motivación

Para que el trabajo que se debe efectuar en grupo sea concreto y tangible, tienes que formular unos objetivos claros y precisos que todos los participantes intentarán alcanzar al final de la reunión.

Por definición, un objetivo debe ser:

- realizable. Tienes que considerar los medios y los recursos de los que dispone el grupo, y los límites a los que debe enfrentarse;

- cuantificable. Los resultados que intentas obtener deben ser evaluables y, para ello, hay que establecer criterios claros y precisos que te permitirán analizar si el objetivo se ha alcanzado o no;
- útil. Para que el grupo se movilice con un determinado objetivo, tiene que sentir el desafío. Deberás destacar el interés que reviste la compleción del proyecto con una formulación concisa y concreta del objetivo;
- atractivo. El objetivo debe despertar las ganas de los participantes de activarse para que se movilicen de forma activa para su compleción. En efecto, aunque la presencia de un objetivo que se percibe como común es una condición fundamental para que un grupo se reconozca como tal y decida actuar en conjunto, no debemos olvidar que este grupo está conformado en esencia por personas distintas, con expectativas y opiniones propias. Para que los diferentes participantes se unan alrededor de este objetivo común dedicándole tiempo y energía e, incluso a veces, sacrificando ciertas ideas personales, hay que tener en cuenta los intereses y las aspiraciones de cada uno;
- determinado por un factor tiempo. Es fundamental que fijemos un plazo para que la tarea solicitada se lleve a cabo. De lo contrario, será imposible, por una parte, coordinar la acción de todos los participantes y, por otra, mantener la motivación del grupo.

No intentes abarcar demasiado: es mejor intentar alcanzar un único objetivo concreto, realista y cuantificable que querer abordar todas las temáticas de frente y no llegar a nada tangible al final de la reunión. Mostrar objetivamente a los participantes que hemos avanzado en el proyecto y que, por lo tanto, no han perdido el tiempo en palabrería es indispensable para mantener la confianza y la motivación del grupo.

Ejemplo de objetivos de una reunión (sacados del trabajo de los asesores pedagógicos del SeDESS Namur-Luxemburgo)

- Releer y reajustar el reglamento de uso interno
- Construir juntos un proyecto de aprendizaje interdisciplinar
- Definir colectivamente el papel de referente PIA (plan individual de aprendizaje)
- Definir el procedimiento de acompañamiento de los alumnos con dificultades
- Informar sobre las reformas de primaria

Identificar el papel de cada uno

La existencia de una estructura bien definida, que designa dentro de un grupo a la(s) persona(s) que ejerce(n) una función de líder, es una condición necesaria para garantizar la cohesión y dar a cada participante una libertad para hablar y actuar.

El animador es quien asume el papel de líder dentro de un grupo. No debe confundirse con un estatus superior (como tendría un director sobre sus empleados o un profesor sobre sus alumnos). El grupo le otorga al animador una autoridad en el marco espaciotemporal concreto de la reunión, necesaria para completar las actividades. Se pone al servicio del grupo para facilitar los intercambios, aclarar los objetivos y estimular la eficacia del trabajo.

Ante todo, el animador debe recordar el contrato que une a los miembros del grupo: la reunión se lleva a cabo para responder a un objetivo preciso que hay que alcanzar. Por lo tanto, debe explicarlo y asegurarse de que cada participante lo ha entendido. Durante la reunión, el animador ejercerá la función de maestro de ceremonias: se mostrará neutro con respecto al debate, pero irá descartando las ideas que se opongan al objetivo común. Debe interrogar a los participantes y estructurar el debate. Con sus intervenciones en este terreno, debe lograr que el grupo avance hacia la consecución del objetivo:

- ayudando al grupo a ordenar las tareas que deben efectuarse;
- reformulando y aclarando el sentido de las distintas intervenciones;
- reagrupando las reflexiones que se presentan y elaborando una síntesis con ellas;
- permitiendo al grupo que formule conclusiones y que tome decisiones.

El animador también es el encargado de delimitar el marco y de conseguir que se respete durante la reunión. El marco es el conjunto de reglas que rigen y controlan los intercambios entre los participantes. Por lo tanto, el animador tiene el papel de guardián de las reglas del juego. En este sentido, una de las primeras reglas que debe hacer respetar y sobre la que debe mostrarse intransigente es el respeto de la programación. También vela por que se mantenga la conversación en la línea de los objetivos fijados.

Para acabar, no hay que olvidar que, ante todo, una reunión es un encuentro que lleva necesariamente a que los actores presentes entren en contacto los unos con los otros. Por lo tanto, el animador debe gestionar este aspecto del trabajo de grupo, a menudo más complejo de lo que pensamos. Debe evitar que algunos participantes, más discretos, tengan miedo de expresarse frente a colegas directivos y que se instale una tendencia al conformismo que conllevaría que la mayoría impusiese de manera sistemática su punto de vista sin que hubiese un debate real.

Para que el trabajo en común sea posible y eficaz, se asegura de que los intercambios entre los participantes sean respetuosos y que la reunión se desarrolle en el mejor ambiente posible. De esta manera, intenta acoger correctamente a los participantes al principio de la sesión y crear un clima de confianza, favoreciendo un primer intercambio para que todos puedan conocerlo y aprendan a conocerse los unos a los otros si aún no es el caso. Desarrolla una actitud de escucha condescendiente hacia los participantes, les brinda la ocasión de que se expresen, distribuye equitativamente su atención para evitar que alguien se sienta al margen de la conversación y valora la intervención de cada uno.

<u>En resumen: tres elementos clave del papel de animador</u>

- el contrato;

- el marco;
- el contacto.

Por su parte, los demás participantes deben sentirse implicados en la conversación para poder comprometerse. Cuando el animador hace hincapié en la función de cada uno en la consecución del objetivo, está recordando que tienen una responsabilidad en el éxito o el fracaso de la reunión. También se pueden predeterminar las intervenciones de todos los participantes o de algunos, pidiéndoles de manera explícita su opinión en cuanto la conversación se orienta hacia ámbitos que dominan. Para ello, resultará útil que evaluemos la posible contribución de cada trabajador, en función de sus conocimientos y de sus propias competencias.

Otra opción para reforzar la participación de algunos miembros consiste en implicarlos en la gestión de la reunión, otorgándoles papeles complementarios al de animador.

- El secretario: toma nota de lo que se dice en grupo y sintetiza por escrito los debates que se han producido durante la reunión.
- El observador: observa el funcionamiento del grupo y da su opinión al final de la reunión acerca de la modalidad de intercambios y del respeto del tiempo de palabra de cada persona.
- El guardián del tiempo: se encarga de asegurar el respeto de los horarios.

Presentar la reunión

Los primeros cinco o diez minutos de la reunión son fundamentales: marcan las pautas para el desarrollo del trabajo. En primer lugar, el animador establece el contacto con los participantes, deseándoles la bienvenida, presentándose y prestándoles atención. Esta etapa es crucial si queremos instalar un ambiente que estimule el intercambio. Así, responde de manera implícita a estas dos preguntas:

- ¿Quién soy?
- ¿Quiénes somos?

A continuación, recuerda el tema y el objetivo de la reunión, que se encuentran incluidos en el orden del día, y establece de esta manera un contrato con el grupo acerca de los resultados que deben alcanzar conjuntamente.

Esta etapa permite fijar el reto de la reunión para que los participantes evalúen la importancia y se sientan implicados. Por lo tanto, responde a la pregunta:

- ¿Qué vamos a hacer?

Para acabar, el animador presenta el marco en torno al que se articula la reunión. Explica las modalidades de intervención y recuerda los límites de tiempo de inicio y final de la reunión, marcadas por pausas eventuales, fijadas previamente. Se responde así a las preguntas:

- ¿Cómo vamos a proceder?
- ¿Con qué programación?

Gestionar la comunicación

Durante la reunión, el animador gestiona los turnos de palabra de los distintos participantes. Desde su posición neutra y su actitud condescendiente hacia los allí presentes, inicia el debate, observa la circulación de la comunicación y se asegura de que nadie se quede a un lado. Su cometido es que surja la opinión del grupo en su conjunto y en su complejidad. Ayuda a construir la unidad del grupo, siempre respetando y haciendo respetar las diferencias de cada uno. Delimita el marco, llamando al orden si la conversación se aleja del tema, se asegura de que el grupo avanza hacia la consecución del objetivo común y controla el factor tiempo.

El animador debe encontrar la forma más adecuada de dirigir el debate, teniendo en cuenta las dos grandes dificultades inherentes al trabajo en grupo:

- el miedo a hablar en público;
- la tendencia al conformismo.

Instala una actitud de escucha dentro del grupo y vela por que ningún participante se aísle en una conversación privada. Interviene en los debates para impedir que se intente restringir la palabra a los participantes, pero manteniendo su neutralidad.

Puede elegir trabajar con el conjunto del grupo o dividir al equipo en subgrupos de discusión de entre cuatro y seis personas. En el primer caso, el animador debe estar atento al reparto del tiempo de palabra y a que todo el mundo exprese su opinión. Para ello, le será útil anotar en una hoja, al lado de cada participante, las palabras clave de su intervención. El segundo caso deja más libertad a los participantes más tímidos para expresarse. El animador define entonces un marco temporal preciso para el trabajo en subgrupos y designa para cada mesa a una persona encargada de presentar las ideas que han nacido de la conversación. Propone una formulación directa e interrogativa para tratar lo mejor posible un tema (por ejemplo: «Imaginad ideas de soluciones para las propuestas siguientes...»).

A medida que se producen las intervenciones, el animador va reformulando y resumiendo las ideas que los participantes han emitido, efectuando de esta manera una síntesis delante del grupo, con su ayuda. Este resumen se lleva a cabo en una pizarra o en un dispositivo de proyección que todo el mundo pueda ver. Así, todos se familiarizan con las propuestas y escogen a continuación las ideas más constructivas para el objetivo común.

Tomar decisiones

La toma de decisiones, el objetivo intrínseco de la reunión, refrenda la acción del grupo y su progreso hacia la consecución del objetivo común. Tiene lugar al final de un proceso que podemos dividir en tres etapas:

- propuestas de elementos de solución presentadas por el grupo;
- perspectiva y crítica de las propuestas presentadas;

- elección, toma de decisión del grupo en función del objetivo fijado.

En un primer momento, el animador se asegura de que todo el mundo participe en la conversación y proponga ideas de soluciones. Una vez que todas las propuestas se han reformulado y se han escrito en forma de síntesis, el grupo, que se ha apropiado estas sugerencias y que ha podido familiarizarse con todas y cada una de ellas, puede escoger la alternativa más adecuada con total conocimiento de causa y desde la perspectiva de responder al objetivo.

En función del seguimiento del debate, se pueden tomar las decisiones según distintas modalidades:

- la unanimidad si todos los miembros del grupo comparten la misma decisión;
- el consenso si el grupo se pone de acuerdo en una propuesta que parece adaptarse mejor al objetivo;
- la decisión mayoritaria si una decisión es votada por la mayoría del grupo;
- la decisión minoritaria si una decisión es apoyada por una minoría de participantes cuyo estatus es superior y que, por lo tanto, tienen una mayor competencia a la hora de decidir.

Sintetizar para concluir la reunión

Al final de la reunión, el animador efectúa una síntesis global con las decisiones que el grupo ha tomado. Se asegura de que están claras para todo el mundo presentándolas de manera positiva y concreta como acciones que deben llevarse a cabo. Para que los resultados sean tangibles, enuncia las acciones que se efectuarán para responder a las siguientes preguntas:

- ¿Quién hace qué?
- ¿Dónde?
- ¿Cuándo?
- ¿Cómo?
- ¿Por qué?

Concluye el intercambio destacando los progresos del grupo y agradeciendo a los participantes su colaboración.

EL SEGUIMIENTO DE LA REUNIÓN

Evaluar el trabajo efectuado en grupo

Evaluar la reunión significa hacer balance sobre el funcionamiento del grupo y sopesar las posibilidades de mejora para futuras colaboraciones. Aunque plantearse preguntas sobre el trabajo que se ha efectuado en grupo puede parecer demasiado básico, lo cierto es que este proceso es fundamental. Esto permite analizar el rendimiento de la reunión y escuchar la opinión de los participantes, recalcando de nuevo la importancia de la opinión de cada uno.

Esta evaluación se puede hacer oralmente, reservando unos minutos al final de la reunión. Podemos pedir a los participantes que se expresen sobre sus motivos de satisfacción o de insatisfacción y sobre qué piensan que podría mejorar en el funcionamiento del grupo. La ventaja de plantear estas preguntas oralmente es iniciar una conversación entre los colaboradores, que podrá ser más espontánea y tener algunas veces más impacto que un *feedback* escrito. Sin embargo, proponer a los participantes que respondan por escrito a veces permite más honestidad y objetividad, y puede evitar posibles tensiones causadas por opiniones sobre ciertas disfunciones.

Además, es conveniente que el animador también se cuestione el resultado final de su trabajo para mejorar la práctica. Sobre todo, puede plantearse las siguientes preguntas:

- ¿El grupo ha progresado en su objetivo? ¿Ha tomado decisiones?
- ¿Qué he aprendido dirigiendo esta reunión?
- ¿Qué he aportado al grupo? ¿En qué medida he contribuido para que se consiga el objetivo?

Comunicar el seguimiento de la reunión

Como dice el proverbio, «las palabras se las lleva el viento». Por lo tanto, es importante guardar una huella escrita de la conversación y de las decisiones tomadas. Para formalizar estos datos, pueden emplearse dos tipos de documentos:

- el acta de la reunión. Se redacta con el fin de evaluar el proceso del debate que se ha producido y se anotan los datos concretos de la reunión (fecha, hora, participantes), el objetivo perseguido, los problemas tratados, los puntos de encuentro y de desencuentro, las decisiones tomadas y los problemas que se han quedado en el aire;
- el informe. Este documento recoge el resultado de la reunión y en él el grupo encontrará sus conclusiones. Contiene la recomendación de una serie de acciones que deben efectuarse para alcanzar el objetivo definido.

Estos documentos son redactados por un secretario de reunión —puede ser el animador— que no está implicado en el debate, para imprimir un carácter imparcial a los documentos. El secretario mostrará una calidad de escucha y un espíritu de síntesis que le permitirán ir a lo esencial y distinguir las opiniones de los hechos. Trabaja a partir de la toma de notas, de los posibles documentos que se distribuyan a los participantes y de su observación.

Una vez que se ha realizado este trabajo, se trata de garantizar que los distintos actores llevan al terreno las acciones que el grupo ha decidido.

LOS MEJORES CONSEJOS

- Prepárate para la función de animador. La preparación de la reunión es una etapa fundamental para su buen desarrollo. Si llegamos a la cita con una preparación mala o insuficiente, será contraproducente para nosotros mismos y para los participantes. Debes conocer al dedillo los temas presentados, tener preparado el material adecuado y llegar lo suficientemente descansado el día D. Animar a un grupo es efectivamente una actividad que requiere mucha atención y mucha energía.

GUIÑO

Cada uno tiene un método para gestionar el estrés. Si no logras aislarte del mundo, si ninguna música tranquila apacigua tu ansiedad y si la técnica de imaginar a todo el mundo en ropa interior jamás te ha funcionado, siempre puedes probar un método que viene de la sofrología: la respiración de conciencia plena. Cierra los ojos, coloca una mano sobre tu vientre e inspira profundamente para que se hinche. Mantén el aire unos instantes en tus pulmones y, a continuación, espira lo más lentamente posible y durante el mayor tiempo posible. Este ejercicio permite que nos volvamos a centrar sobre nosotros mismos a través de la toma de conciencia de nuestro cuerpo, que relativicemos y que nos relajemos.

- Sitúa a los participantes de manera adecuada. Puedes

elegir colocar las mesas de diferentes formas. Reunir a todo el mundo alrededor de una gran mesa central es ideal para una reunión larga y para un grupo que no supere los quince participantes. La mesa redonda favorece más el intercambio, pero debe emplearse únicamente en reuniones de entre seis y diez personas. Para acabar, situar las mesas en forma de «U» es ideal para una reunión de tipo pedagógico, en la que el animador tiene que transmitir mucha información.

- Empieza la reunión por algunos intercambios informales para romper el hielo basándote en técnicas de animación de grupo.

TÉCNICAS DE ANIMACIÓN DE GRUPO (PROPUESTAS DE ASESORES PEDAGÓGICOS DEL SeDESS NAMUR-LUXEMBURGO)

- La meteorología del estado de ánimo
  - Objetivo para el participante: presentarse, atreverse a tomar la palabra compartiendo una información con el conjunto del grupo.
  - Objetivo para el animador: tomar el pulso del grupo, comprender el grado de motivación relativa a la presencia de los participantes, saber si existen tensiones, etc.
  - Regla: el animador propone una serie de imágenes del parte meteorológico (soleado, nublado, tormenta, etc.) y pide a los participantes que escojan la imagen que corresponde a su estado anímico del momento.

- Las presentaciones cruzadas
    - Objetivo para el participante: atreverse a iniciar una conversación con su vecino, al que todavía no conoce, atreverse a tomar la palabra compartiendo una información con el resto del grupo.
    - Objetivo para el animador: presentarse, establecer un primer contacto con el grupo, crear una posibilidad de cohesión en el grupo invitando a que los participantes inicien una conversación entre ellos.
    - Regla: el animador presenta un cuestionario que recoge unas veinte preguntas similares a las que se plantean en el cuestionario de Proust (formulario de origen inglés que pregunta acerca de los pensamientos, los sentimientos, los deseos, etc., famoso por las respuestas que dio Marcel Proust, 1871-1922, hacia 1890). A continuación, pide a los participantes que escojan por parejas tres preguntas a las que les gustaría contestar. Cada participante escucha la respuesta de su pareja (intentando, en la medida de lo posible, no tomar notas de lo que dice). Para acabar, el animador pide a cada persona que presente a su pareja, las preguntas elegidas y las respuestas que ha ofrecido. A continuación, elabora un análisis de la actividad y pregunta a los participantes qué han sentido durante la actividad y qué han aprendido de su vecino.

- Mantente firme cuando tengas que gestionar situaciones excesivas. Nadie está a salvo de un conflicto o de un participante refractario. En un contexto hostil, llama al orden a los participantes poniendo límites a sus afirmaciones y apelando al contrato establecido: «Estamos aquí para alcanzar tal objetivo». Si se trata de un conflicto entre dos participantes, vuelve a delimitar la discusión desplazando el debate hacia el objetivo. Si un participante se opone a tus intervenciones, escucha sus posibles reivindicaciones, pero siempre manteniéndote firme en lo que respecta al marco. Es posible que un participante no soporte la autoridad y, en esa situación, hay que recordarle que el papel de animador no es el de policía, sino el de permitir que el grupo avance. En caso de que haya demasiada tensión, no dudes en invitar a todo el mundo a hacer un receso de cinco minutos para tomar la distancia necesaria. Eso permitirá que las distintas partes se calmen y se continúe sobre otra base.

LO QUE HAY QUE EVITAR

En la medida de lo posible, y para que los trabajadores estén predispuestos a trabajar, evita fijar la reunión en horas en las que su rendimiento será bajo, por ejemplo, justo después de la pausa para comer, cuando la digestión suele adormecernos, o durante las últimas horas del viernes, cuando todo el mundo solo piensa en una cosa: volver a casa para disfrutar de un fin de semana relajado.

- Cuida tu presentación de Power Point. Aunque una presentación de Power Point puede convertirse en un soporte de valor incalculable para el debate, conviene aplicar algunas reglas para que surta los efectos deseados. Así, los textos de la presentación deben ser lo más concisos posible. Salvo cuando proyectes el esquema, en el resto de la presentación solo deberás proponer un tema, una única idea por diapositiva e intentarás no escribir más de seis o siete palabras por línea, ni más de seis o siete líneas por diapositiva. En la medida de lo posible, emplea esquemas para sostener tus ideas en vez de utilizar frases largas. Además, no te olvides de adaptar tu presentación al público presente: el vocabulario que uses será más o menos sofisticado y la estética de la presentación, más o menos formal. Pero sea cual sea el contexto, nada te impide que incluyas de vez en cuando un toque de humor para que se mantenga el buen ambiente.

PREGUNTAS FRECUENTES

¿NECESITO REALMENTE PLANIFICAR ESTA REUNIÓN?

Una reunión requiere una cierta organización, dado que junta a una serie de participantes en una misma sala reservada y preparada para tales efectos. Absorbe tiempo de trabajo de los participantes y, por lo tanto, genera un coste para la empresa. Por ende, antes de organizar una reunión, hay que preguntarse si va a ser útil, puesto que existen otros medios de comunicación: enviar correos electrónicos, prever una videoconferencia o consultar a solas a cada una de las personas relacionadas con el tema. Únicamente debe considerarse la reunión como opción cuando sea el medio más eficaz para alcanzar el objetivo. Así, es preciso que te preguntes si es posible llegar al mismo resultado sin llevar a cabo la reunión.

¿QUÉ MATERIAL TENGO QUE PREVER?

Tras haber redactado y enviado el orden del día a los participantes, el animador reúne el material necesario para el buen desarrollo de la reunión. Elabora una «programación de la reunión» (el esquema que debe seguirse), fotocopia los documentos que desea transmitir a los participantes, recordando sobre todo el objetivo de la reunión y los temas que se tratarán, si es necesario prepara un Power Point para exponer a todo el grupo la información requerida y se informa sobre la presencia en la sala de un proyector y/o de una pizarra (prever tizas o rotuladores) para recoger las ideas que origina el debate. Conviene también que lleve un reloj o un cronómetro que colocará delante de él para gestionar correctamente su tiempo.

¿A QUIÉN INVITO A MI REUNIÓN? ¿A CUÁNTOS PARTICIPANTES?

Es obvio que cuantos más participantes hay, más difícil resulta gestionar el debate y más cuesta tomar una decisión. Se aconseja convocar únicamente a las personas directamente relacionadas con el objetivo. No sirve de nada invitar a personas que no están motivadas por el tema abordado y que quizás no se comprometerán, ni a personas que no tienen las competencias para ese trabajo.

El número óptimo de participantes para una reunión eficaz se sitúa a partir de los cinco (una reunión más restringida tiene un carácter más informal y, generalmente, no requiere una preparación tan pormenorizada) y no debe superar los quince. Con una asistencia de este tamaño, la gestión de los turnos de palabra se hace de manera relativamente cómoda, puesto que el animador identifica rápidamente a los taciturnos y a los habladores y, en términos generales, los participantes se sienten cómodos para dar su opinión. Por encima de esta cifra, estarás al cargo de un grupo más numeroso y tendrás más dificultades para gestionarlo debidamente. En este caso, recomendamos que se empleen otras técnicas de animación, repartiendo a los participantes en pequeños grupos de trabajo para que todo el mundo pueda contribuir al debate.

¿CÓMO TENGO QUE ABORDAR EL FACTOR TIEMPO? ¿QUÉ DURACIÓN ESTABLEZCO PARA MI REUNIÓN?

El animador debe mostrarse intransigente en cuanto al respeto de los horarios. Por una parte, porque es el primer punto del contrato que establece con los participantes a través de la convocatoria y porque su credibilidad está en juego. Y por otra, porque si la reunión tarda en empezar por el retraso de algunos y que, en consecuencia, hay que desplazar la hora de finalización, es muy probable que otros participantes tengan que irse antes de que acabe la reunión porque tienen que tomar un tren o porque tienen que ir a buscar a sus hijos al colegio. Por lo tanto, hay que respetar escrupulosamente el marco temporal. Empezar y terminar a la hora prevista es el primer límite para un trabajo serio y eficaz.

Sin embargo, como a pesar de todo existen los imprevistos y los retrasos, el animador tendrá que gestionar a veces a los que llegan tarde. Deberá colocarlos e integrarlos en el debate de manera condescendiente, sin dejar de notificarles su retraso.

En lo que respecta a la duración total de la reunión, dependerá en gran parte de lo extensa que sea la tarea que aparece en el orden del día. Para una reunión de más de dos horas, se recomienda incluir una pausa de un cuarto de hora al cabo de una hora y media o dos horas. Este momento de relajación es necesario para mantener la dinámica del grupo y su productividad. Se respetará el horario de estas pausas, anunciadas con antelación en la planificación de la reunión.

¿QUÉ PUEDO HACER PARA QUE TODO EL MUNDO PARTICIPE ACTIVAMENTE?

Antes de contestar a esta pregunta, debemos introducir una pequeña aclaración: el animador no es bajo ningún concepto el único responsable del éxito o del fracaso de la reunión, y no puede forzar a nadie a trabajar contra su voluntad. El grado de madurez, del que depende la riqueza del debate, y el estado anímico del grupo y de cada uno de los participantes son elementos en los que el animador no puede intervenir.

Sin embargo, puede implementar una cierta cantidad de medidas para despertar la motivación frente a la tarea que debe llevarse a cabo:

- demostrando desde los primeros minutos de la reunión la utilidad para todos y cada uno de alcanzar el objetivo fijado;
- favoreciendo un buen ambiente de trabajo, a través de la gestión de las condiciones materiales (local espacioso, aireado, puesta a disposición del material necesario, etc.), a través de una actitud de escucha condescendiente, y a través de la creación de un espacio donde los participantes se sienten en confianza y se expresan libremente.

¿SABÍAS QUE...?

El psicólogo Abraham Maslow (1908-1970) elaboró

una pirámide en la que se representan las necesidades del ser humano. Según su teoría, buscamos alcanzar cinco necesidades fundamentales. Para alcanzar una necesidad situada en la cumbre de la pirámide, las necesidades inferiores tienen que haber sido satisfechas.

Pirámide de Maslow

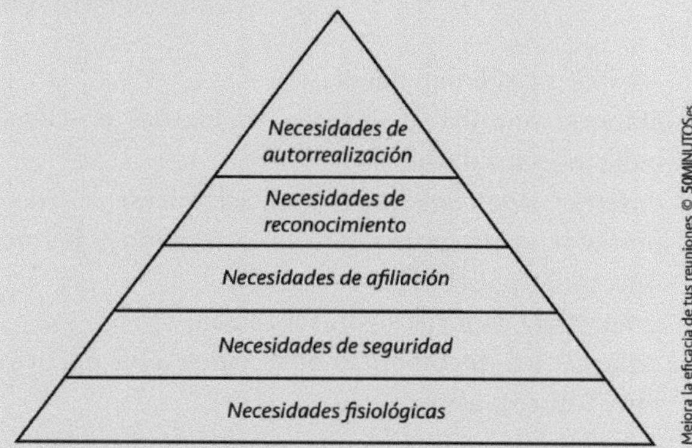

Esta teoría nos muestra hasta qué punto es importante que los participantes se sientan cómodos para poder participar, comprometerse e integrarse en el grupo. Además, también indica que es indispensable responder a las necesidades fisiológicas de cada uno —y, por lo tanto, hacer pausas.

¡AHORA ES TU TURNO!

TO DO LIST PARA ORGANIZAR Y VALIDAR LA REUNIÓN

1. Preparación de la reunión:

    - establecer el orden del día;
    - elaborar una lista con los participantes en cuestión indicando sus datos;
    - enviar el orden del día a los participantes;
    - preparar la programación de la reunión y las fichas necesarias para dirigir la reunión;
    - preparar el soporte de presentación;
    - redactar los documentos destinados a los participantes y fotocopiarlos.

2. Seguimiento de la reunión:

    - redactar el acta/el informe de la reunión;
    - enviar el acta/el informe a los participantes;
    - asegurarse de que los distintos actores llevan a cabo las decisiones tomadas durante la reunión.

ORDEN DEL DÍA: EJEMPLO DE PRESENTACIÓN

Orden del día

Fecha: Hora: de a	Lista de participantes: • • •	Local:
Objetivo de la reunión: **Temas tratados:** • • •		

PROGRAMACIÓN DE LA REUNIÓN

Programación de la reunion

Hora	Tema	Participantes	Precisiones	Decisiones que deben tomarse
8:30–8:45	Bienvenida de los partici-pantes y recuerdo del orden del día	Animador	Garantizar la comprensión del orden del día. Preguntar a los partici-pantes si tienen preguntas	/
8:45–9:30				
...				

FICHA DE ACCIÓN PARA LOS PARTICIPANTES

Ficha de acción para los participantes

ACCIÓN EN CUESTIÓN	¿QUIÉN?	¿CÓMO? Medios necesarios	¿PARA CUÁNDO?

PARA IR MÁS ALLÁ

FUENTES BIBLIOGRÁFICAS

- Aubry, Jean-Marie. 2004. *Dynamique des groupes.* Canadá: Les éditions de l'Homme.
- Coqueret, André. 1970. *Comment diriger une réunion.* París: Le Centurion.
- Charles, René y Christine Williame. 2010. *La communication orale.* París: Nathan, colección *Repères pratiques.*
- Guère, Jean-Pierre y Patrice Stern. 2002. *Faciliter la communication de groupe.* París: Éditions d'Organisation.
- Lainé, Sylvie. 2003. *Guide pratique d'entraînement à la conduite de réunion.* París: Les éditions Demos.
- Maccio, Charles. 2002. *Guide de l'animateur de groupes.* Lyon: Chronique Sociale.
- Mucchielli, Roger. 2000. *La conduite des réunions.* Issy-les-Moulineaux: Les éditions ESF.
- Quaranta, Michel. 2003. *Comment animer un groupe.* Outremont: Les éditions Quebecor.
- Wesenfelder, Ralf. 1982. *50 trucs pour réussir une réunion.* París: Éditions d'Organisation.

FUENTE COMPLEMENTARIA

- Con la colaboración de los asesores pedagógicos del SeDESS Namur-Luxemburgo.

en50MINUTOS.es
Historia
Economía y empresa
Coaching

www.en50Minutos.es

ISBN ebook: 9782806280671

ISBN papel: 9782806291646

Depósito legal: D/2016/12603/896

Libro realizado por <u>Primento</u>*, el socio digital de los editores*